ギターデュオのための
ニュー・マスターピース・コレクション
〜タンゴ、ラグタイム、ショーロ、クラシック、映画音楽〜
平倉信行 編曲

New Masterpieces Collection for Guitar Duo
Tango, Ragtime, Choro, Classic, Film music
Arranged by Nobuyuki Hirakura

株式会社 現代ギター社
GG709
GENDAI GUITAR CO., LTD.
1-16-14 Chihaya, Toshima-ku, Tokyo, Japan

序文／Preface

一口にギターデュオと言っても様々な形があります。1つのギターを旋律楽器とし、一方は伴奏する。お互いに対等のソロ楽器としての立場を維持していく。またはその両方を駆使する等々……。そして、アレンジについても、オリジナルの原曲にほぼ基づくものや、アイディアを加え、リズムを変えたり、ハーモニーを変えたり、メロディーをアドリブにしたり等々、方法は様々です。他にもまだまだ色々な手法があると思います。

クラシックギターは独奏楽器という大きな特徴を持つ楽器です。しかし、ギターデュオにはソロとは異なる世界があります。2つのパートに分かれることで、単に演奏に余裕ができるだけではありません。ギターデュオでしか出せない魅力や表現があります。また、歌との合わせや、フルートやヴァイオリン、チェロなどの旋律楽器、その他の楽器との室内楽での二重奏とも異なる、独自の性格も有しています。

本曲集には、ジャンルや作曲家、アレンジの手法にこだわることなく、様々な形のギターデュオの楽譜を収載しています。目次の下に簡単にアレンジの手法やガイドを書きました。皆さんのコンサートやライブなどのシーンに合わせて使って頂ければ幸いです。

2025年3月
平倉信行

編曲者プロフィール／Profile

平倉信行／Nobuyuki Hirakura

1981年第24回東京国際ギターコンクール本選入賞。1990年ミュージカル『屋根の上のヴァイオリン弾き』ワールドツアーに参加。1991年バーンスタイン追悼演奏会／二期会オペラ『セビリアの理髪師』に出演。

ギター・デュオ「ドゥーズ・コルデ」を結成し、『Douze Cordes』『ピシンギーニャに捧げる一輪の薔薇』『J.S.BACH』『ブラジルの肖像』の4枚のCDを発表。2008年にはバンドリンとのデュオでCD『ブラジル音楽帳』を発表。2007年よりオカリナ／フルート＆ギターのデュオ「ククル」を結成し、モーツァルト、沖縄音楽、ピアソラ、ブラジル音楽などを収録した5枚のCDを発表。

著作として『ギター二重奏のためのバッハ名曲選』『ポピュラー・ギター・アンサンブル曲集』『ギターデュオのための久石 譲作品集』（現代ギター社）、『すぐ弾けるギター・ソロ～シリーズ』『リコーダー・アンサンブル』（ドレミ楽譜出版社）等。ヤマハ、ソニー、リットーミュージック、シンコーミュージック、ドリームミュージックなどの出版社にもアレンジ、教本、作曲を提供する。また、ギター専門誌などにも多数執筆。

目次／Contents

1. ポル・ウナ・カベサ（カルロス・ガルデル）［タンゴ］ —— 4
   Por una Cabeza / Carlos Gardel [Tango]
   —— 「首の差で」の邦題でも知られる、歌わせどころたっぷりのタンゴ

2. エル・チョクロ（アンヘル・ビジョルド）［タンゴ］ —— 8
   El Choclo / Ángel Villoldo [Tango]
   —— 軽快な伝統的タンゴのスタンダード・ナンバー

3. ドン・ペレス・フレイレ（アグスティン・バリオス）［タンゴ］ —— 12
   Don Perez Freire / Agustín Barrios [Tango]
   —— バリオスのギターソロの作品を伴奏充実デュオに

4. パイナップル・ラグ（スコット・ジョプリン）［ラグタイム］ —— 15
   Pine Apple Rag / Scott Joplin [Ragtime]
   —— リズミカルでテクニカルなラグタイム

5. バトゥーキ（エルネスト・ナザレー）［ショーロ］ —— 18
   Batuque / Ernest Nazareth [Choro]
   —— ピアノ・ショーロをクラシック・スタイルのデュオで

6. エスコバード（エルネスト・ナザレー）［ショーロ］ —— 24
   Escovado / Ernest Nazareth [Choro]
   —— 「叱られて」のタイトルで有名なピアノ・ショーロの名曲

7. 小フーガ BWV578（ヨハン・セバスティアン・バッハ）［クラシック］ —— 27
   Fugue BWV 578 / Johann Sebastian Bach [Classic]
   —— 有名なオルガン・フーガをオリジナルに基づくアレンジで

8. アリオーソ〜カンタータ BWV156 より（ヨハン・セバスティアン・バッハ）［クラシック］ —— 32
   Arioso - from Cantata BWV156 / Johann Sebastian Bach [Classic]
   —— バッハ自身が鍵盤用に編曲したシンフォニアをギターデュオで

9. 交響曲第40番 K.550 より第1楽章（ヴォルフガング・アマデウス・モーツァルト）［クラシック］ —— 34
   Symphony No.40 K.550 - 1st.movement / Wolfgang Amadeus Mozart [Classic]
   —— 不朽の傑作をブラジル・スタイルのリズミカルなアレンジに

10. ワルツ第9番『告別』Op.69-1（フレデリック・ショパン）［クラシック］ —— 39
    Valse No.9 "L'adieu" Op.69-1 / Frédéric Chopin [Classic]
    —— ショパンの琴線に触れる美しいメロディーをギターデュオで

11. 子守唄（アレクサンドル・イリインスキー）［クラシック］ —— 42
    Berceuse / Alexander Ilyinsky [Classic]
    —— バレエ組曲から編曲された優しく綺麗なピアノ曲をさらにギターデュオに

12. ダッタン人の踊り〜オペラ『イーゴリ公』より（アレクサンドル・ボロディン）［クラシック］ —— 44
    Polovtsian Dances - from Opera "Prince Igor" / Alexander Borodin [Classic]
    —— ロシア五人組の旗手ボロディンの名旋律をソロ＋アドリブで

13. 白鳥の湖（ピョートル・チャイコフスキー）［クラシック］ —— 48
    Le Lac des Cygnes / Pyotr Tchaikovsky [Classic]
    —— バレエ曲を代表する名作をリズミカルにアレンジ

14. ジュ・トゥ・ヴ（エリック・サティ）［クラシック］ —— 51
    Je Te Veux / Éric Satie [Classic]
    —— 軽快なワルツのオリジナルにオブリガードを付したアレンジ

15. ピカデリー（エリック・サティ）［クラシック］ —— 58
    Le Piccadilly (Marche) / Éric Satie [Classic]
    —— 「マーチ」という副題を持つケークウォーク風の軽快な作品

16. カヴァティーナ（スタンレー・マイヤース）［映画音楽］ —— 60
    Cavatina / Stanley Myers [Film music]
    —— 映画『ディア・ハンター』を彩る名曲のしっとりとした音色を堪能

ポル・ウナ・カベサ
Por una Cabeza

Carlos Gardel
Arr.by Nobuyuki Hirakura

エル・チョクロ
El Choclo

Ángel Villoldo
Arr.by Nobuyuki Hirakura

ドン・ペレス・フレイレ
Don Perez Freire

Agustín Barrios
Arr.by Nobuyuki Hirakura

パイナップル・ラグ
Pine Apple Rag

Scott Joplin
Arr.by Nobuyuki Hirakura

バトゥーキ
Batuque

Ernest Nazareth
Arr. by Nobuyuki Hirakura

エスコバード
Escovado

Ernest Nazareth
Arr.by Nobuyuki Hirakura

小フーガ BWV578

Fugue BWV 578

Johann Sebastian Bach
Arr. by Nobuyuki Hirakura

アリオーソ
カンタータ BWV156 より
Arioso
from Cantata BWV156

Johann Sebastian Bach
Arr.by Nobuyuki Hirakura

交響曲第 40 番 K.550

第 1 楽章

Symphony No.40 K.550

1st.movement

Wolfgang Amadeus Mozart
Arr.by Nobuyuki Hirakura

ワルツ第9番『告別』Op.69-1

Valse No.9 "L'adieu" Op.69-1

Frédéric Chopin
Arr.by Nobuyuki Hirakura

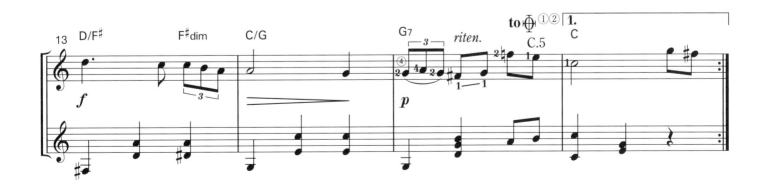

子守唄
Berceuse

Alexander Ilyinsky
Arr.by Nobuyuki Hirakura

ダッタン人の踊り
オペラ『イーゴリ公』より
Polovtsian Dances
from Opera "Prince Igor"

Alexander Borodin
Arr.by Nobuyuki Hirakura

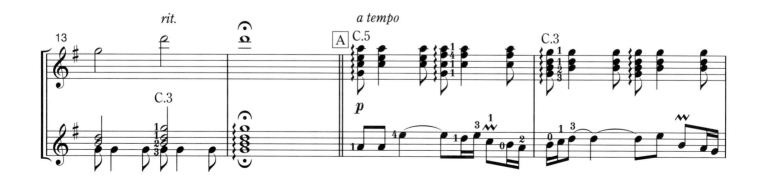

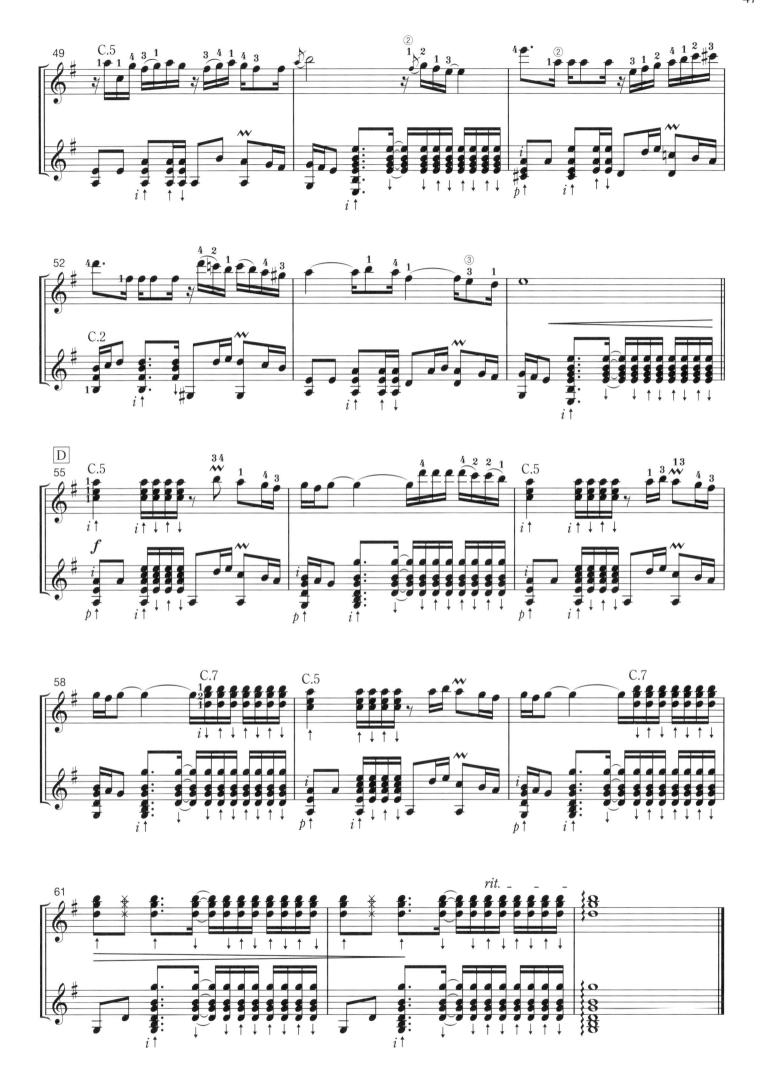

白鳥の湖
Le Lac des Cygnes

Pyotr Tchaikovsky
Arr.by Nobuyuki Hirakura

ジュ・トゥ・ヴ

Je Te Veux

Éric Satie
Arr.by Nobuyuki Hirakura

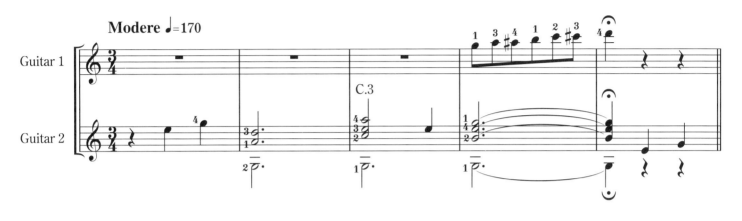

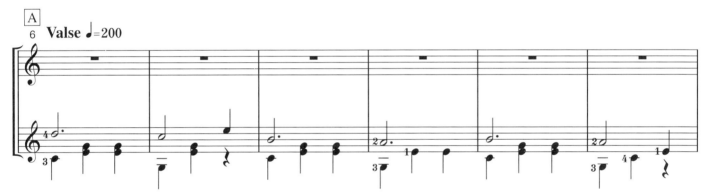

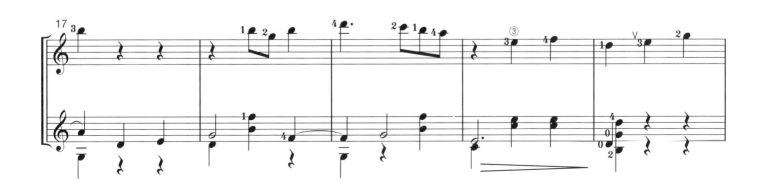

ピカデリー
Le Piccadilly
(Marche)

Éric Satie
Arr.by Nobuyuki Hirakura

カヴァティーナ
Cavatina

Stanley Myers
Arr.by Nobuyuki Hirakura

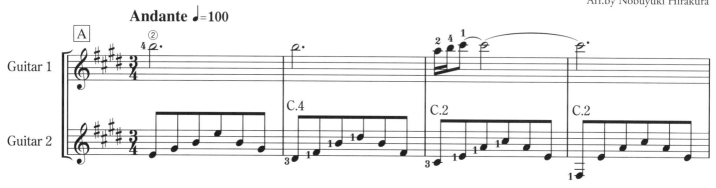
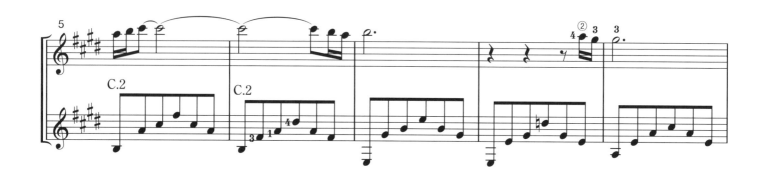

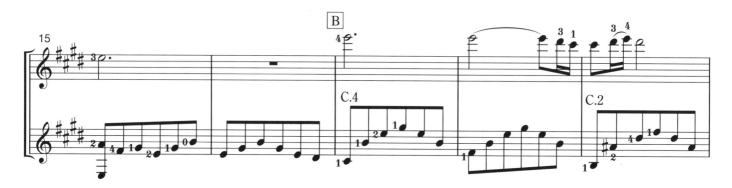

CAVATINA
Stanley Myers
© 1971 Robbins Music Corp. Ltd.
The Rights For Japan Licensed to Sony Music Publishing (Japan) Inc.

平倉信行曲集（現代ギター社刊）

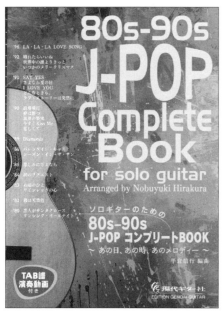

GG705 菊倍判 108 頁 ￥2,750（税込）

平倉信行編曲
ソロギターのための 80s-90s J-POP コンプリート BOOK
～あの日、あの時、あのメロディー～（タブ譜・演奏動画リンク付き）

1980 年代、1990 年代の J-POP をコンプリート。
バブル世代には懐かしく、Z 世代には新鮮なポップス。
JAPAN AS No.1 の時代を象徴する名曲をソロギターで！

[収載曲]

LA・LA・LA LOVE SONG（久保田利伸）／晴れたらいいね（DREAMS COME TRUE）／世界中の誰よりきっと（中山美穂＆ WANDS）／いつかのメリークリスマス（B'z）／SAY YES（CHAGE & ASKA）／さよなら夏の日（山下達郎）／I LOVE YOU（尾崎 豊）／どんなときも。（槇原敬之）／ラブ・ストーリーは突然に（小田和正）／浪漫飛行（米米 CLUB）／愛は勝つ（KAN）／真夏の果実（サザンオールスターズ）／今すぐ Kiss Me（LINDBERG）／恋しくて（BEGIN）／Diamonds（プリンセス プリンセス）／バレンタイン・キッス（国生さゆり）／シーズン・イン・ザ・サン（TUBE）／悲しみにさよなら（安全地帯）／涙のリクエスト（チェッカーズ）／め組のひと（ラッツ＆スター）／ワインレッドの心（安全地帯）／君は天然色（大瀧詠一）／恋人がサンタクロース（松任谷由実）／ダンシング・オールナイト（もんた＆ブラザーズ）

GG648 菊倍判 56 頁 ￥2,640（税込）

平倉信行編曲
ギターデュオのための久石 譲作品集

世代や国を超えて広く親しまれている久石 譲の主要作品をギター二重奏用にアレンジ。アレンジャーとして定評のあるギタリスト平倉信行が原曲の素晴らしさはそのままに、ギター二重奏ならではの演奏効果と秀でた音楽性を最大限まで引き出した編曲集。

[収載曲]

風の伝説（映画『風の谷のナウシカ』より）／海の見える街（映画『魔女の宅急便』より）／晴れた日に…（映画『魔女の宅急便』より）／マルコとジーナのテーマ（映画『紅の豚』より）／五月の村（映画『となりのトトロ』より）／アシタカとサン（映画『もののけ姫』より）／人生のメリーゴーランド（映画『ハウルの動く城』より）／ソフィーの城（映画『ハウルの動く城』より）／あの夏へ（映画『千と千尋の神隠し』より）／千尋のワルツ（映画『千と千尋の神隠し』より）／Summer（映画『菊次郎の夏』より）／Oriental Wind（CM『サントリー緑茶 伊右衛門』より）

ギターデュオのための
ニュー・マスターピース・コレクション
平倉信行 編曲
GG709

定価 2,750 円
[本体 2,500 円＋税 10％]

New Masterpieces Collection for Guitar Duo
Arranged by Nobuyuki Hirakura

2025 年 3 月 25 日初版発行
発行元 ● 株式会社 現代ギター社
　　〒171-0044 東京都豊島区千早 1-16-14
　　TEL03-3530-5423　FAX03-3530-5405
無断転載を禁ず
　日本音楽著作権協会（出）許諾第 2500656-501 号
印刷・製本 ● シナノ印刷 株式会社
表紙デザイン ● 只野光之
楽譜浄書 ● 株式会社クラフトーン
コード番号 ● ISBN 978-4-87471-709-7 C3073 ￥2500E

© Gendai Guitar Co., Ltd.
1-16-14 Chihaya, Toshima-ku, Tokyo 171-0044, JAPAN
https://www.gendaiguitar.com
1st edition : March 25th, 2025
Printed in Japan

楽譜や歌詞・音楽書などの出版物を権利者に無断で複製（コピー）することは、著作権の侵害（私的利用など特別な場合を除く）にあたり、著作権法により罰せられます。
また、出版物からの不法なコピーが行なわれますと、出版社は正常な出版活動が困難となり、ついには皆様方が必要とされるものも出版できなくなります。
音楽出版社と日本音楽著作権協会（JASRAC）は、著作者の権利を守り、なおいっそう優れた作品の出版普及に全力をあげて努力してまいります。どうか不法コピーの防止に、皆様方のご協力をお願い申し上げます。

（株）現代ギター社
（社）日本音楽著作権協会